le peuple lui-même, que d'être trompé, jusqu'à voir des ennemis dans ses plus fidèles fonctionnaires. C'est-là trop de considérations pour nécessiter que la vérité soit connue, et que le peuple apprenne par qui il a été bien servi.

DÉNONCIATION

FAITE AUX COMITÉS

DE SALUT PUBLIC

ET D'AGRICULTURE

DE LA CONVENTION,

D'UN COMPLOT

DE FAMINE

CONTRE PARIS.

18 juillet, l'an deuxième de la République française.

ON a dit que, depuis 1789, mille complots divers ont été tramés par les ennemis de la liberté. Nous affirmons qu'il n'y en eût jamais qu'un, celui DE LA CONTRE-RÉVOLUTION. Seulement ce complot varie successivement, pour les moyens d'exécution, selon que les mutations dans les circonstances dictent aux meneurs du parti l'utilité de modifier leur marche. Nous croyons qu'aujourd'hui elle est précisément fixée à l'état qui va suivre Trois batteries principales en divisent le plan

A 3

PARIS SAUVÉ

PAR L'ADMINISTRATION

DES SUBSISTANCES.

Il va pourtant falloir que Paris sache à qui il doit s'en prendre de se trouver à deux doigts de la famine. Il est temps de mettre notre conduite à découvert, et de montrer si c'est à nous.

Lettre des administrateurs des subsistances, au ministre de l'intérieur; 15 juillet, l'an deuxième de la République, n°. .... du sommaire ci-après.

A PARIS,

De l'Imprimerie Patriotique et Républicaine, rue Saint-Honoré, n°. 355;

Et chez tous les Marchands de Nouveautés.

L'AN DEUX DE LA RÉPUBLIQUE FRANÇAISE.

Non - seulement Paris, mais, par contre-coup, la République, viennent d'être, encore une fois, sauvés. Contens du bien que nous avons pu produire, nous ne nous en flatterions pas, si ceux qui en conspiroient la perte, et dans le plan desquels il a dû entrer de décrier ceux qui furent un obstacle à leurs complots, n'étoient parvenus à abuser nos Concitoyens au point de faire croire, peut-être au plus grand nombre, que les maux qui se sont annoncés par rapport aux subsistances, venoient de notre administration. Il n'est rien de si accablant pour des agens du peuple, que d'emporter une réputation désavantageuse après avoir opéré le bien. Il n'est rien de si malheureux pour

A 2

GUERRE sur tous les points de la Frontière, GUERRE dans toutes les parties de l'intérieur ; mais surtout GUERRE particulière contre PARIS.

On sait que Paris, premier champ de bataille de la liberté, en sera le dernier boulevard. Les traîtres savent que, fussent-ils parvenus à imprimer le joug sur toute la surface de la plus belle des Républiques, Paris seul se conservant libre, ils n'ont rien gagné. Ils savent que, comme les Romains réduits au Capitole, les Parisiens seuls seront toujours capables de se relever glorieux, et de relever avec leur gloire, celle de la Nation entière. Ils savent encore que, dans le cas contraire, dans celui où Paris pourroit être la seule ville vaincue, la République entière est esclave, parce que la liberté et l'égalité n'ont plus ailleurs de colonnes assez fortes, pour pouvoir être soutenues. Oui, disent-ils, dès ce moment c'en est fait ; le despotisme triomphe, les Français libres succombent avilis et chargés de fers.

Mais, comment réussir à abattre cette forteresse formidable ? Quelle armée pourra réduire cette ville immense remplie de héros, de héros accoutumés à voir fuir, depuis cinq années, les satellites de toutes les tyrannies ? Pourrions-nous compter sur son affoiblissement qui seroit le résultat du nombre d'hommes attirés hors des murs de cette redoutable cité ? Non, *la terre en produit de nouveaux*. La force de cette fameuse ville est irréductible. Il faut, pour la maîtriser, un autre moyen que celui d'une force active opposée.

Quel sera ce moyen ? *la famine*.

Oui, il paroît trop clairement que le projet en a existé et qu'il existe. Affamer Paris est le plus ardent des vœux de nos perfides ennemis ; affamer Paris est la seule espèce de combat qu'ils viennent livrer à cette ville, et par lequel ils espèrent la vaincre. Les circonstances, au courant desquelles nous sommes, sont trop parlantes pour que nous perdions un moment pour divulguer la manière dont cette infâme conjuration nous paroît liée.

Au 4 mai dernier, l'affreuse disette, résultant de l'excessive cherté, qui étoit elle-même le fruit des manœuvres cupides de ceux qui toujours spéculent sur les malheurs publics, alloit étendre ses ravages sur la surface totale de la République. Une loi répressive d'un abus aussi calamiteux est rendue aux acclamations générales du peuple. La secte des accapareurs s'en indigne ; elle jure de s'en venger. Bientôt elle parvient à mettre dans son parti presque toutes les administrations départementales. Celles-ci interprètent, commentent la loi en tous sens ; elles parviennent, par des arrêtés, à la dénaturer. Une erreur principale sort du sein de ces défigurations ; celle de faire croire que chaque canton doit chercher à conserver tout ce qu'il a en subsistances. La malveillance contre-révolutionnaire s'empare de cette hérésie ; elle la propage de toutes ses forces. Toutes les municipalités se laissent prendre à cette amorce. Chaque contrée s'isole, et celle qui est pauvre en subsistances ne trouve qu'endurcissement, en criant secours auprès de celle qui regorge. Paris, qui ne produit rien, et qui fait une consommation incommensurable, est celui de tous les pays qui souffre le plus au milieu de cet entrechoquement te. ible : il est en état de blocus; plus un seul sac de farine ne trouve passage pour y arriver ; et si, comme nous l'avons déjà dit il n'y a pas long-temps, cette ville précieuse n'avoit eu des approvisionnemens plus extraordinaires qu'elle n'en possedât jamais, on peut se demander : QUE SEROIT A PRÉSENT DEVENU PARIS?

C'est ici qu'il faut que l'attention s'attache. A la vue de toutes ces infractions à la loi du 4 mai de la part du plus grand nombre des administrations ; à la vue de leurs dispositions communes, dont le résultat unique n'étoit autre QU'UN PLAN DE FAMINE CONTRE PARIS, que devions-nous faire et qu'avons-nous fait? Dénoncer cet attentat *natio-nicide* à celui des membres du pouvoir exécutif, chargé spécialement d'assurer l'exécution de la loi du 4 mai. Mille dénonciations pour mille infractions ont été adressées de notre part au Ministre de l'intérieur, et le mal n'a été nullement réparé.

Combien notre position en devient plus embarrassante? Quel parti allons-nous prendre? Nous sollicitons et nous obtenons, les 1er et 5 juillet, deux lois ; l'une qui, dérogeant à celui des articles du décret du 4 mai, par lequel il est défendu d'acheter ailleurs que sur les marchés, nous *autorise de faire acheter des subsistances chez les particuliers, dans les départemens où elles sont abondantes ;* l'autre, *qui défend d'apporter aucun obstacle au transport de ces subsistances, même sous le prétexte que les recensemens ne sont point encore achevés.*

Mais quel nouveau déboire vient nous anéantir? Nous nous empressons de vouloir tirer avantage des deux loix. Nous donnons en conséquence d'elles, des pouvoirs pour négocier différents achats. Comment sont reçus dans les campagnes nos préposés? On n'y connoit point les deux loix, on ne les y a pas encore reçues, le 18 juillet, *officiellement*; leur expédition, dont chaque agent est porteur, quoique certifiée véritable par la municipalité de Paris, n'est d'aucun poids aux yeux des administrations auxquelles on en justifie; au surplus, on se montre disposé à ne les respecter guères davantage que celle du 4 mai. Tout cela est encore dénoncé au Ministre de l'intérieur. Qu'at-il fait pour rémédier à ces premiers désordres, et pour en prévenir d'autres? Nous n'en avons point été informés, et nous n'avons encore vu aucun effet *salutaire* résulté de ses soins.

Comité de Salut public, vous voyez à quelle position en est la ville de Paris; vous voyez si nous avons fait, pour assurer à ses habitans la nourriture, et tout ce que nous avons pu et tout ce que nous avons dû. Vous appercevez où est la cause qui arrête les moyens de salut que nous avons provoqués et que les législateurs nous ont accordés. . . . . Citoyens! que pouvoit-il nous rester à faire? Rien autre chose, nous a-t-il semblé, que de vous adresser la présente dénonciation, et en même-temps de dire à nos concitoyens qui nous ont revêtus de leur confiance. Nous étions dans la position de vous devoir un compte, et de ne pouvoir plus faire pour vous que ce dernier acte. Le voici: Nous eussions aussi été des perfides, si, vous ayant vus sur le bord du précipice, nous ne vous en eussions pas prévenus. Oui, nous vous le déclarons, nous sommes sans force et dans l'impuissance de vous sauver ; puisque, sans pouvoir coërcitif en nous-mêmes, au milieu de toutes les violations qui rendent vains tous nos efforts, nous ne sommes pas non plus secondés par ceux à qui l'exécution des Loix se trouve confiée. N'est-ce point encore le cas de dire: PEUPLE, SAUVE-TOI TOI-MÊME. Tu ne te sauveras qu'en obtenant qu'on mette à la tête de la machine exécutrice, des hommes sous lesquels les Loix ne puissent pas être comme n'existant pas.

SOMMAIRE

Des pièces produites aux comités de salut public et d'agriculture de la convention nationale, à l'appui de la dénonciation d'un complot de famine contre Paris.

Nº. Premier.

18 *mai.* Le décret du 4 est mal interprété dans les départemens ; les administrations en tirent la conséquence que les subsistances contenues dans le ressort de chacune d'elles, doivent y être conservées, sans permettre qu'il en circule aucune partie au-delà. Il en résulte que Paris, qui ne produit rien, est dès-lors réduit à ce qui se trouve dans ses magasins. L'entretien de l'approvisionnement est intercepté net. Pour remédier à ce grand danger naissant, l'administration des subsistances explique la Loi par une circulaire qu'elle adresse à toutes les communes des différens départemens qui concourent à l'approvisionnement de Paris.

Nº. II.

21 *mai.* La municipalité de Pontoise fait arrêter des grains appartenans à la commune de Paris, quoique vendus à cette commune avant le décret du 4 mai. Cette municipalité les fait revendre sur le marché de Pontoise.

Nᵈ. III.

23 *mai.* D'autres farines appartenant à la muni-

cipalité de Paris, achetées par marché du 22 avril, sont arrêtées à la Ferté-Milon, district de Château-Thierry, département de l'Aisne.

N°. I V.

27 *mai.* Le directoire du district de Pontoise a rendu un arrêté portant défense aux propriétaires de grains et farines, d'en faire l'envoi direct aux halles et marchés situés hors l'arrondissement de ce district. L'administration des subsistances dénonce cet arrêté au directoire du département de Seine et Oise, comme ajoutant au texte de la Loi, et établissant une disposition nouvelle attentatoire à la libre circulation, maintenue par un des articles du décret du 4 mai.

N°. I V *bis.*

27 *mai.* L'administration des subsistances dénonce au ministre de l'intérieur des arrestations de farines faites par la municipalité de Longjumeau et autres ; elle le prie d'interposer son autorité pour les faire parvenir à Paris. Elle lui donne communication de sa circulaire du 18 mai, et l'invite à adresser de son côté à toutes les municipalités une instruction interprétative de la Loi.

N°. V.

28 *mai.* L'administration des subsistances écrit à la municipalité de la Ferté-Milon pour réclamer les farines arrêtées par cette municipalité, comme on le voit au N°. III.

N°. VI.

28 *mai.* L'administration des subsistances fait part au ministre de l'intérieur et au département de Paris, de la dénonciation par elle faite à l'administration départementale de Seine et Oise, de l'arrêté du district de Pontoise dont il est parlé sous le N°. IV. Elle invite particulièrement le ministre de l'intérieur à réprimer sévèrement cette infraction. Il n'est pas inutile de rapporter ici cette phrase remarquable :
« Vous verrez dans les deux pièces, dont nous
» vous donnons copie, combien elle est repréhen-
» sible la conduite des administrateurs de Pontoise,
» à quel danger elle expose l'approvisionnement
» de Paris, et combien il importe d'aviser aux
» moyens d'appliquer des remèdes de précaution
» aux maux qui en peuvent résulter. Il seroit sans
» doute trop tard d'y penser, lorsque ces maux se
» manifesteroient dans la progression effrayante dont
» leur caractère les rend susceptibles. »

N°. VII.

31 *mai.* Le directoire du district de Soissons, pays très-producteur en grains, refuse d'en laisser sortir de son ressort, en alléguant une prétendue pénurie à laquelle il n'est pas possible de croire en connoissant l'abondance réelle qui règne dans cette contrée.

N°: VIII.

Premier Juin. Le directoire du département de Seine et Oise, sur la dénonciation de l'arrêté du district de Pontoise (Voyez ci-devant, N°. IV.)

qui défend la sortie des grains et farines hors de son arrondissement, abroge cette disposition ; mais il la généralise pour tout le ressort du département de Seine et Oise, en arrêtant que les cultivateurs et propriétaires n'auront la faculté de conduire leurs grains et farines qu'aux marchés et halles de l'étendue de ce département, sans pouvoir étendre cette faculté aux marchés du dehors.

N°. VIII, *bis.*

3 juin. Nouvelles arrestations de grains et de farines, appartenant à la commune de Paris, faites à Crosne, Meaux et Longjumeau, en contravention à l'article XXIII de la loi du 4 mai, qui maintient la libre circulation.

N°. IX.

6 *juin.* La loi du MAXIMUM est violée à Chartres. A Orléans, la taxe du MAXIMUM n'est même pas encore établie.

N°. X.

7 juin. L'administration du département de l'Aisne manifeste des dispositions favorables pour les subsistances de Paris. Elle est la seule dans ce cas.

N°. X, *bis.*

10 juin. Lettre de Saint-Piat, qui propose un marché de farine, sans égard au taux du MAXIMUM.

N°. XI.

12 juin. L'administration des subsistances dénonce

au ministre de l'intérieur, l'arrêté pris le premier juin par l'administration départementale de Seine et Oise, par lequel elle généralise les dispositions de celui du district de Pontoise, en proscrivant l'exportation, hors des limites de ce département, des grains et farines qu'il renferme. (*Voyez N°. VIII, ci-dessus.*) Cette dénonciation est présentée sous le titre de *projet bien conçu d'affamer Paris*, et sous le titre de *ferment bien caractérisé de fédéralisme*. Les comités de salut public et d'agriculture sont priés de fixer très-particulièrement cette pièce, dans laquelle on développe au ministre toutes les conséquences fâcheuses qui résulteroient de l'impunité d'une telle infraction. On le conjure de prendre cet objet dans la plus singulière considération, et le tableau qu'on leur fait des résultats qui servient la suite d'une inertie qu'on croyoit alors loin de devoir soupçonner, n'est que trop justifiée aujourd'hui par les événemens qui sont devenus le juste accomplissement des prédictions contenues dans cette dénonciation.

N°. XII.

14 *juin*. La municipalité de Ham, district de Péronne, département de la Somme, a fait arrêter des blés à la municipalité de Paris, et les a fait vendre sur le marché de Ham.

N°. XIII.

15 *juin*. Nouvelle affirmation que le blé se vend à Chartres bien au-dessus de la taxe du MAXIMUM, et la farine incomparablement plus au-dessus encore, parce qu'on prétexte qu'il n'y a point de MAXIMUM pour la farine.

N°. X I V.

16 juin. Nouvelle dénonciation au Ministre de l'intérieur des différens faits qui prouvent la position terrible où est Paris pour ses subsistances. L'administration lui déclare que la conjuration de famine ne lui paroit plus douteuse contre cette ville, et que, puisque les vivres lui sont coupés de toutes parts, on ne peut s'empêcher de la considérer comme en état de blocus. L'administration presse vivement et sérieusement le ministre de faire attention à cet état.

N°. X V.

17 juin. Arrestation à Rambouillet des farines de la commune de Paris. Le préposé aux achats de l'administration des subsistances écrit qu'il voit une crise à cet égard qui va étendre bientôt ses ravages par-tout.

N°. X V I.

18 juin. Nouvelle dénonciation au Ministre de l'intérieur, d'arrestation faite par la municipalité de Linas et par celle de Crespi-en-Valois, de farines destinées à l'approvisionnement de Paris, et appartenant à des boulangers de cette ville. L'administration s'efforce de réveiller le ministre, et lui demande s'il peut rester indifférent sur tout ce qui a rapport à un si grand objet que celui des subsistances de la ville centrale.

N°. X V I I.

19 juin. Autre dénonciation au Ministre de l'intérieur,

térieur, d'arrestation par la municipalité de Compans, de blés pour l'approvisionnement de Paris, achetés par différens boulangers. L'administration des subsistances applique les circonstances de cette arrestation à la lettre de la loi, et elle en fait sortir la preuve que c'est de la part de la municipalité de Compans une infraction condamnable. L'administration renouvelle ses instances auprès du ministre, pour le porter à assurer respect à la loi.

N°. XVIII.

15 *juin.* Arrestation considérable, dans les municipalités de Longjumeau et de Linas, de blés appartenant à la commune de Paris.

N°. XIX.

10 *juin.* Un des agents employés aux achats de la commune de Paris, écrit de Provins, qu'il ne pourra remplir sa soumission, attendu les réquisitions considérables faites pour le département de Seine et Marne, notamment pour le district de Nemours, et les achats faits par des députés de Sancerre, et qu'il n'exposera pas de blés sur la route, parce qu'ils seroient infailliblement arrêtés par la municipalité de Provins.

N°. XXI.

10 *Juin.* Deux voitures de farine destinées à l'approvisionnement de Paris, sont arrêtées à Montfort-l'Amaury.

N°. XXII.

22 *juin.* Des commissaires d'Amiens députés

ment de la Somme, achètent du blé sur le marché de Pont-Saint-Maxence, district de Senlis, département de l'Oise, à raison de 90 livres le sac, sans égard au MAXIMUM. Il faut noter que le département de la Somme possède des grains beaucoup plus que pour sa consommation.

La commune de Rouen fait négocier des achats dans le même lieu, aussi sans attention au MAXIMUM.

N°. XXII. *Bis.*

22 *Juin.* La municipalité de Rambouillet convient d'avoir ordonné différentes arrestations de grains et de farines destinés à l'approvisionnement de Paris. Elle avance que ces arrestations ont reçu l'approbation de l'administration du département de Seine et Oise, et elle confirme le fait que l'on vend, sans scrupule, sur les marchés, sans égard au MAXIMUM.

N°. XXIII.

22 *Juin.* Tableau effrayant des résultats à attendre des manœuvres qui se pratiquent à Chartres et dans différents marchés d'Eure et Loir. La violation de la loi dans toutes ses parties, notamment quant au MAXIMUM, les enlevemens sans mesures qui se font par des commissaires de divers départemens, de ceux de la Creuze, de la Sarthe et autres, menacent de la catastrophe la plus désastreuse.

N°. XXIII *bis.*

26 *Juin.* Projet de rapport par les Administrateurs des subsistances au Conseil municipal de la

Commune de Paris. Ce rapport présente la situation de Paris à cette époque du 22 juin, rélativement aux subsistances. On y passe en revue tous les faits, toutes les pièces dont l'analyse précede ; tout y est rapproché, pésé, et l'on en fait sortir la démonstration plus prouvée que jamais de l'existence du complot d'affamer Paris. Cette pièce est de la plus grande importance, on ne sauroit trop recommander aux deux comités de l'examiner , et d'en suivre tout l'exposé , avec la plus sérieuse attention.

No. XXIV.

26. *Juin*. Des farines destinées à l'approvisionnement de Paris , sont encore arrêtées à Coulomb par des Commissaires du département d'Eure et Loir et du district de Dreux.

No. XXV.

28. *Juin*. La municipalité de Ham, district de Péronne, département de la Somme , ne veut pas lâcher le bled mis par elle en arrestation, comme on l'a vu au No. 12. Elle prend excuse de ce qu'elle fournit aux armées , et elle oppose un arrêté des réprésentans du peuple, près celle du Nord, dont les dispositions sont une atteinte à la loi du 4 Mai, qui maintient la libre circulation : mais cette municipalité trouve apparemment son compte à préférer l'arrêté au décret ; elle le préfère.

No. XXV. *Bis*.

27 *Juin*. Le citoyen Lacroix, Officier municipal de Ham, en parlant de cette arrestation, déclare que ce n'est point qu'il y ait disette de bled dans

ce canton ; que lorsqu'il seroit fourni et l'armée ensuite, il en resteroit encore.

N°. XXVI.

28 *Juin.* Les farines arrêtées à Longjumeau et Linas ont été pillées, parce que le Ministre de l'intérieur s'est contenté d'écrire faiblement aux municipalités de ces lieux, pour réclamer ces farines.

N°. XXVII.

29 *juin.* Les commissaires des boulangers de Paris font à l'administration des subsistances, une déclaration où ils déposent leurs vives alarmes, sur les suites qui doivent prochainement résulter de la stagnation de l'approvisionnement. Ils dénoncent une foule d'infractions à la loi du 4 Mai, son inexécution totale dans différents endroits, et ils proposent des vues pour assurer, désormais l'approvisionnement de Paris et de la République entière : vues qui peuvent mériter d'être consultées.

N°. XXVIII.

29 *juin.* Les commissaires du département de Seine et Oise mettent en réquisition des bleds et farines achetés pour l'approvisionnement de Paris.

N°. XXIX.

30 juin. On affirme que le recensement prouvera qu'il existe beaucoup plus de bled dans le département d'Eure et Loir, que ses habitans n'en consommeront jusqu'à la récolte ; mais l'on se plaint toujours que le MAXIMUM n'est pas respecté.

N° XXX.

30 j in. Détails intéressans à fixer sur la multitude des violations de la loi, commises dans le département d'Eure et Loir, et sur les effets malheureux que ces violations produisent.

N°. XXXI.

Premier juillet. Le directoire du district de Meaux adopte le plan d'isolement embrassé par le département de Seine et Oise, et arrête aussi l'injonction à tons les cultivateurs et propriétaires de son ressort, de ne disposer de leurs grains que pour les conduire aux marchés de leur arrondissement.

N°. XXXII.

Premier Juillet. Nouvelle arrestation de farines achetées pour Paris, faite à Granville par les commissaires du département de Seine et Oise, qui ont déclaré que le département de Paris n'avoit plus de droit de s'approvisionner sur celui de Seine et Oise.

N°. XXXIII,

Premier juillet. Nouveau témoignage de la détermination prise par le département de Seine et Oise, de fermer la circulation pour tous les grains de son arrondissement ; et nouvelle saisie de sa part de 100 sacs achetés pour Paris.

N°. XXXIII *bis.*

2 juillet. Arrestation à Épernon d'une voiture de

farine, appartenant encore à la commune de Paris.

N°. XXXIV.

3 juillet. La municipalité d'Étampes, pour rompre les engagemens des marchands approvisionneurs de la commune de Paris, leur refuse les acquits à caution qu'ils doivent prendre, aux termes de la loi du 4 mai, et qui, suivant cette même loi, ne peuvent être réfusés, sans une violation manifeste.

N°. XXXV.

4 juillet. Nouvelle arrestation à Rambouillet de farines achetées pour Paris.

N°. XXXVI.

4 juillet. Le citoyen Martin, commissaire du pouvoir exécutif à Chartres, soupçonne une manœuvre, de ce que les préposés aux achats, pour la municipalité de Paris, mettent peu d'activité dans leurs achats, dans le département d'Eure et Loir.

N°. XXXVII.

5 juillet. Un marché pour l'achat de mille sacs de farine dans le département de Seine et Oise, contracté avant la promulgation de la loi du 4 mai, est néanmoins encore entravé par l'administration départementale de ce département qui, comme par faveur, consent qu'il ait lieu pour moitié de la livraison de 466 sacs qui restent à fournir.

N°. XXXVII, *bis, et* XXXVII, *ter.*

6 juillet. Le MAXIMUM n'est plus aucunement respecté à Crépy.

N°. XXXXVIII.

8 juillet. L'administration des subsistances dénonce au Ministre de l'intérieur l'arrestation et saisie, par la municipalité de la Ferté – Milon, de 131 sacs de farine appartenant à la municipalité de Paris. Elle lui prouve l'illégalité de cette saisie, en justifiant de l'antériorité, sur la loi du 4 mai, du marché de ces 131 sacs, lequel est du 22 avril. Elle conjure le ministre de sévir contre un écart aussi abusif.

N°. XL.

9 juillet. Arrestation à Gonesse, par les commissaires du département de Seine et Oise, de farines destinées pour l'approvisionnement de Paris.

N°. XLI.

11 juillet. Arrestation à Merville, district d'Etampes, département de Seine et Oise, par un commissaire du district d'Etampes, d'une quantité de farines achetées pour l'approvisionnement de Paris.

N°. XLII.

11 juillet. Arrestation à Tournans, par la municipalité, d'une quantité de bleds achetés pour l'approvisionnement de Paris, en vertu d'une commission donnée au bas de l'expédition des décrets des premier et 5 du même mois, que cette municipalité s'est permis de mépriser.

N°. XLIII.

11 juillet. Les autorités de Meaux se transportent

(24)

chez un propriétaire de grains vendus à la municipalité de Paris, les font charger par voitures, et les amènent, sans autre forme, au marché de Meaux.

N°. X L I V.

11 juillet. Le bled se pille au marché de Pont-Saint-Maxence, s'achète, sans mystère, infiniment au-dessus du prix du *maximum ;* et ce sont spécialement des marchands du département de l'Eure qui viennent y mettre l'enchère, et l'accaparer.

N°. X L V.

12 juillet. L'Administration des subsistances dénonce au Ministre de l'intérieur l'inexécution des décrets des premier et 5 juillet, et elle se plaint à lui de ce que ces décrets ne sont point encore envoyés officiellement à Meaux et dans le département de Seine et Marne.

N°. X L V I.

13 juillet. L'Administration des subsistances réclame auprès de la municipalité de Tournans la renonciation à l'opposition par elle faite à l'enlèvement d'une quantité de sacs de bled destinés à l'approvisionnement de Paris, achetés en vertu des décrets des premier et 5 juillet.

N°. X L V I I.

16. juillet. Le directoire du district de Meaux foule aux pieds les deux décrets des premier et 5 juillet, en approuvant une arrestation faite par la municipalité de la Ferté-sous-Jouarre , de 150 septiers de bled achetés pour l'approvisionnement de Paris , en vertu de ces deux décrets.

N°. X L V I I I.

15 juillet. Les citoyens Lacher et Massonnier, boulangers , demeurant, l'un au faubourg Saint-Martin, section de Bondy, et l'autre, rue et section du faubourg Montmartre , dénoncent à l'administration des subsistances , qu'ayant été dans les cantons de Dammartin et de Meaux , munis de commissions pour faire achat, au nom de la municipalité de Paris , en vertu des décrets des premier et 5 de ce mois, de chacun deux cents septiers de bled , ainsi que le portoient leurs commissions, il ne leur avoit pas été possible de traiter à cet effet , attendu qu'on leur a opposé par-tout, et notamment dans les communes de Clayes , Mongé, Saint-Mard , Nantouillet et Jullier, qu'on ne connoissoit pas les deux décrets sus-mentionués , dont l'envoi officiel n'étoit point fait dans les cantons dont ces communes dépendent. ﹘

15 juillet. La lettre suivante fut écrite en conséquence par les administrateurs des subsistances au Ministre de l'intérieur. Elle est trop intéressante, pour que nous ne la publiions pas en entier.

« *Nous ne savons, citoyen ministre , quel prix vous attachez aux déclamations continuelles qui vous sont faites de notre part depuis deux grands mois et demi, c'est-à-dire, depuis la fameuse loi sur les subsistances, du 4 mai. Nous ne pouvons plus nous dissimuler qu'il faut bien que tout ce qui vous arrive,*

sortant de nos mains, ne jouisse pas d'une grande
faveur à vos yeux, puisque, sur tant d'infractions
aux loix, que nous vous avons dénoncées, il n'en
est pas une qui ait paru vous frapper assez pour
vous déterminer à daigner nous répondre que vous la
prendriez en considération. Cependant les subsistances
de Paris se trouvent, de jour en jour, dans un état
de plus grand danger; chaque jour nous acquérons
des données sur la situation des esprits dans les
départemens approvisionneurs, qui nous font présager
que le mal est près d'être élevé à son comble, et
que, dans peu de temps peut-être, il ne sera plus
temps de songer à en arrêter les progrès. C'est en
vain que, non-seulement nous vous avons déposé
par écrit tant de fois nos légitimes alarmes, mais
qu'encore nous vous en avons entretenu presque aussi
souvent de vive voix : c'est en vain que nous vous
avons exposé l'effrayant tableau de soixante-dix-
neuf mille sacs de farine destinés à l'approvisionnement de Paris, qui se trouvoient arrêtés malgré
la loi dans les départemens, il n'a pas paru que vos
soins aient pourvu à assurer plus de respect à cette
loi. Hé bien, il va pourtant falloir que Paris sache
à qui il doit s'en prendre de se trouver à deux
doigts de la famine. Il est temps de mettre notre
conduite à découvert, et de montrer si c'est à nous.
*Les choses en sont élevées au point où il ne faut
plus de ménagemens. Il faut savoir, disons-nous,
si ce résultat est la conséquence de l'existence soup-
çonnée d'un plan de famine contre Paris, et jusqu'à
quel tronc peuvent remonter les ramifications d'un
tel complot. La déclaration ci-jointe encore (c'est*

celle du numéro 48 qui précède), n'est pas propre
à diminuer les présomptions de sa réalité.

Les comités ont fait, en conséquence de cette
dénonciation, un premier rapport à la convention,
d'où est résulté, le 18 juillet, le décret suivant :

» La convention nationale, après avoir entendu
» ses comités d'agriculture et de salut public, dé-
» crète : que les citoyens BONNEVAL et LOUIS
» ROUX, représentans du peuple, se transporte-
» ront, sans délai, dans les départemens de Seine
» et Oise, de l'Eure et d'Eure et Loire ; et les
» citoyens MAURE et DUBOUCHET, aussi représen-
» tans du peuple, dans les départemens de Seine
» et Marne et du Loiret, pour conférer avec les
» administrations, *et prendre toutes les mesures né-*
» *cessaires* pour que les loix des 4 mai dernier,
» premier et 5 juillet présent mois, relatives à la
» vente et à la circulation des grains, reçoivent
» leur entière exécution ».

POST-SCRIPTUM.

Nous attendons le meilleur effet souhaitable de ce décret. Mais, dans tous les cas, si c'est en demeurant fermes à leurs postes que les hommes du peuple se montrent dignes de l'être, nous allons être jugés tels par nos concitoyens. Nous jurons de rester à nos fonctions, jusqu'à ce que l'orage actuel soit dissipé, ou qu'il nous ait englouti avec tous nos frères dans le torrent de ses ravages. Nous l'avons récemment imprimé. *Les mal-intentionnés ne cessent d'accabler de calomnies notre administration, parce que jusqu'ici elle a peut-être trop bien marché au gré e leurs intentions coupables. Il leur auroit été très-agréable de la faire passer, pendant ces momens difficiles, dans des mains traîtresses ou inexpertes, pour hâter la présence ces maux pésolateurs, dont l'aspect, en raison du dégré de leur haine contre la Patrie, eût comblé leur coupable jouissance.*

Hé bien, nous les contrarierons en ne quittant pas prise dans ces instans fâcheux ; et pour les déjouer davantage dans le but de leurs criminelles trames, nous allons faire revenir sur notre compte la partie du peuple qui a pu être abusée par eux, au moyen de trois principales imputations qu'ils viennent de mettre contre nous en avant.

PREMIÈRE IMPUTATION.

Depuis que Paris est réduit, pour vivre, à la farine des magasins, le pain est moins bon qu'avant.

Ce n'est pas chez le plus grand nombre des boulangers. Ceux dont le pain est mauvais, nous soupçonnons qu'ils prennent des farines dans quelques magasins secrets que nous cherchons à éventer. L'existence de ces magasins et l'effet résultant des mauvaises farines qu'on y puise, et dont il se fait un mélange pernicieux avec les nôtres, sont une des manœuvres de la malveillance, et nous garantissons que le mauvais pain qu'on trouve dans

Paris, n'est pas celui fait avec de pures farines de nos magasins.

Une autre cause a concouru encore plus généralement à altérer tout-à-coup la qualité du pain, c'est celle qui fut l'effet de la situation de l'atmosphère dans les premières semaines de juillet. Les excessives chaleurs donnoient aux levains un dégré de fermentation tel, qu'ils étoient, pour ainsi dire, réduits en huile : et les gens instruits en boulangerie savent quelle influence ce resultat dût nécessairement produire sur le pain. On a vu, depuis que l'air est redevenu plus tempéré, que ce mauvais effet a cessé ; et l'inconvénient eût même pu se parer avec des localités convenables à une manipulation pour les temps de chaleur, et avec les connoissances propres à saisir le dégré utile de fermentation ; mais le plus grand nombre des boulangers n'ont ni les unes ni les autres.

SECONDE IMPUTATION.

Les boulangers sont ruinés, pour n'avoir reçu leur indemnité que sur le pied du MAXIMUM depuis son existence ; c'est-à-dire, à raison de 7 livres 10 sols par sac, malgré qu'ils eussent eu des provisions considérables de farines achetées bien au-dessus du prix du MAXIMUM.

Les boulangers ont reçu à compte 7 livres 10 sols par sac d'indemnité, jusqu'au jour où nous avons obtenu pour eux un arrêté du conseil-général, d'après lequel ils reçoivent, pour toutes les farines qui leur sont arrivées jusqu'à l'époque du 15 juin, le reste de l'indemnité après l'à-compte, jusqu'à concurrence de 38 livres par sac.

TROISIÈME IMPUTATION.

Depuis que Paris est réduit, pour vivre, à la farine des magasins, les boulangers n'en peuvent pas obtenir suffisamment pour compléter leur consommation habituelle, ainsi qu'ils en ont reçu la promesse par l'arrêté du conseil-général, du 28 juin.

Au 28 juin, la malveillance étoit parvenue, comme nous l'avons déjà fait voir, à jeter le peuple de toutes les municipalités des départemens qui circonscrivent Paris, dans l'erreur d'intercepter entièrement l'importation des subsistances pour cette grande ville. Ni les boulangers, ni l'administration des approvisionnemens, ne pouvoient plus faire arriver un seul sac de grains ou de farines. Paris vit toutes ses ressources bornées à ce qu'il possédoit, tant dans les magasins publics que dans ceux particuliers, c'est-à-dire, dans les maisons des boulangers.

Alors, nous sentîmes la nécessité de provoquer l'arrêté du conseil-général de la commune de ce même jour 28 juin, qui ordonna une visite toutes les semaines chez les boulangers, afin de nous assurer successivement de ce qu'ils posséderoient, pour ensuite pouvoir compléter leur consommation par le secours des magasins de la commune.

Mais beaucoup de boulangers ont cru qu'avec cet arrêté ils n'avoient plus besoin de s'inquiéter nullement pour s'approvisionner au dehors ; que l'intention de la municipalité étoit de faire exclusivement le commerce des subsistances de cette ville, et que désormais chaque boulanger trouveroit tous les jours à la halle de quoi fournir à sa consommation. Tout cela étoit de l'erreur.

Certes ! si tous moyens de s'approvisionner eussent dû continuer d'être enlevés à Paris, il eût bien fallu, lorsqu'aussi les petits approvisionnemens particuliers eussent été enlevés, prendre la totalité de la consommation dans les magasins publics de la commune, jusqu'à ce qu'ils se fussent aussi trouvés vuides. Mais les administrateurs des subsistances devroient aller au devant de cette extrémité : c'est ce qu'ils ont fait.

Ils ont provoqué les deux décrets des 1er et 5 de ce mois : l'un qui, dérogeant à l'article de la loi du 4 mai, qui défend d'acheter ailleurs que sur les marchés, les autorise de faire acheter chez les particuliers dans les dé- partemens où les subsistances sont abondantes ; l'autre, qui défend d'apporter aucun obstacle au transport de ces subsistances, sous le prétexte que les récensemens ne sont point encore achevés.

Nous avons pris le parti, d'après ces deux décrets, de transmettre le droit qu'ils nous confèrent aux citoyens boulangers. Nous donnons à tousceux d'entre eux qui en veulent, des commissions pour acheter en notre nom par-tout où ils savent qu'est l'abondance ; et nous devions croire de pouvoir l'attendre bientôt pour nous des résultats de cette mesure.

C'est d'après cela que nous avons aussi dû croire que nous pourrions parvenir à reculer l'époque de l'épuisement des magasins, horrible malheur que trop de circonstances, dans le moment actuel, peuvent faire apprécier d'avance. Nous avons donc cru qu'au moyen des provisions particulières qui restent encore chez un certain nombre de boulangers, et au moyen des facilités que nous leur donnons pour faire des achats au dehors, de la manière dont nous venons de l'expliquer ; nous avons cru, disons-nous, qu'il suffisoit de faire donner à la halle, en attendant que chaque boulanger puisse s'approvisionner presqu'entièrement, deux sacs à celui qui en consomme quatre, trois à celui qui en consomme six, et ainsi proportionnellement ; sauf cependant à avoir encore égard aux réclamations particulières qui pourroient être faites.

Ces détails nous paroissent suffire pour justifier notre administration encore à cet égard. Nous prions nos concitoyens de bien faire attention qu'apparemment ces différentes mesures ont été suffisantes, puisque depuis qu'elles ont été adoptées jusqu'aujourd'hui, Paris n'a pas encore manqué de pain.

Les administrateurs des subsistances de la commune de Paris.

Signés, GARIN et DELAFONNE.

Dépôt légal : 1er trimestre 1973

De l'Imprimerie patriotique et républicaine, rue S. Honoré, n. 355, vis-à-vis l'Assomption.

www.ingramcontent.com/pod-product-compliance
Lightning Source LLC
LaVergne TN
LVHW050329030726
842520LV00005B/1841